DES ABUS DU CRÉDIT.

PARIS, IMPRIMERIE DE BÉTHUNE ET PLON,
RUE DE VAUGIRARD, 36.

DES ABUS

DU CRÉDIT,

PAR UN ANCIEN CHEF DE BUREAU

Des Caisses d'Amortissement et des Dépôts et Consignations.

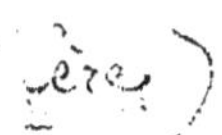

PARIS.

A LA DIRECTION DE LA REVUE ANALYTIQUE ET CRITIQUE
DES ARTS ET DE L'INDUSTRIE,

RUE COQUILLIÈRE, 33;

Et chez les principaux Marchands de Nouveautés.

1839.

DES ABUS
DU CRÉDIT.

§ Ier. *Notions générales.*

On peut appliquer au crédit ce que, selon le moine Planude, Ésope disait des langues : rien de meilleur quand il est sagement restreint ; rien de pire quand on en excite l'intempérance naturelle. C'est surtout depuis qu'on en a fait une science occulte, mensongère et piperesse, que ce véhicule de la circulation des richesses est devenu un instrument de dommage.

Comme le crédit existe et se propage presque partout où il y a abondance et sécurité, on en a conclu qu'il engendrait les richesses ; mais il y a dans cette conclusion pétition de principes ; on prend l'effet pour la cause.

Tout acte de crédit se résume par deux effets opposés ; il ajoute à la fortune de l'une des parties contractantes ce qu'il retranche de la fortune de l'autre ; or, comme la richesse publique se compose de l'universalité des riches-

ses privées, et que l'augmentation et la diminution survenues dans celles-ci se compensent exactement, il est évident que les modifications partielles causées par l'action
du crédit n'affectent aucunement la masse générale des
richesses.

S'il en était autrement, il suffirait pour s'enrichir d'imi-
ter ces banquiers qui, pour dissimuler la faiblesse de leur
actif, se prêtent mutuellement leurs signatures.

Le crédit n'accroît point les richesses matérielles d'un
pays, c'est-à-dire les immeubles, les denrées, les marchandises, etc.; il peut seulement en activer la reproduc-
tion et la circulation en facilitant les transactions et les
échanges.

Il n'accroît pas non plus matériellement les espèces d'or
et d'argent; il peut seulement adjoindre ou substituer aux
monnaies courantes des valeurs de confiance diversement
constituées.

Les monnaies ont, à raison du prix vénal des métaux
dont elles sont formées, une valeur intrinsèque qui s'a-
grège à la masse commune des richesses; considérées
isolément de ce qui les compose, elles n'ont qu'une valeur nominale.

A défaut d'un instrument plus précis et moins impar-
fait, chaque peuple prend, autant qu'il le peut, l'unité
numérique de son système monétaire pour mesure commune d'évaluation des choses auxquelles l'échange, l'usage
ou tout autre motif plus ou moins arbitraire assignent un
prix.

Entre la valeur nominale de cette unité, sa valeur intrinsèque et le prix des choses, il existe des rapports va-

gues et indéterminés qui tendent sans cesse à se mettre en équilibre; ainsi, quand les monnaies deviennent plus abondantes, leur valeur intrinsèque se déprécie, et les objets d'échange augmentent de prix; et quand au contraire les monnaies se raréfient, leur valeur intrinsèque s'exalte, et le prix des objets s'atténue.

Toutefois, les modifications survenues dans la composition des monnaies n'influent pas uniformément sur le prix vénal de tous les objets; l'abondance de certains produits, la rareté de quelques autres, le bon marché ou la cherté de la main d'œuvre, la rivalité des producteurs, la concurrence des consommateurs et mille autres causes inconnues ou difficiles à apprécier varient à l'infini les effets de l'impulsion donnée; il y a même les métaux dont le prix vénal, contrairement à ce qui se passe pour tous les autres objets, s'établit à raison des modifications de la valeur intrinsèque des monnaies qui en sont formées.

Lorsque les monnaies se multiplient ou se raréfient lentement et en quelque sorte insensiblement, les perturbations qu'elles occasionnent passent inaperçues et n'offrent pas dès lors de graves inconvénients; mais lorsqu'on ajoute ou qu'on enlève dans un court intervalle des sommes considérables à la circulation, les perturbations qui en résultent peuvent avoir des suites déplorables.

On connaît les effets qu'a produits l'importation des trésors du Nouveau-Monde; ceux qu'a produits ou que produira la multiplication des valeurs de confiance ne méritent pas moins d'être pris en considération.

Quand ces valeurs, n'ayant qu'une existence commerciale ou privée, ne sont transmissibles qu'avec des formalités ou à des conditions qui en empêchent l'abus, leur multiplication n'exerce que peu d'influence sur la valeur intrinsèque des monnaies courantes; mais quand au moyen des endossements, des transferts et des traditions manuelles sans garantie, elles deviennent elles-mêmes une espèce de monnaie, leur multiplication a les mêmes inconvénients que celle du numéraire effectif.

D'après le témoignage de M. le marquis d'Audiffret, ancien premier commis des finances, actuellement président de chambre à la cour des comptes et pair de France (chambre des pairs, séance du 20 juin 1838), le crédit n'existait pas en France antérieurement à 1814. Il n'y avait donc alors que très-peu de valeurs de confiance en circulation. Or, à cette époque, avec les trois milliards de numéraire que nous possédons, nous aurions pu acquérir trois millions d'hectares de terre en culture, tandis que maintenant nous n'en obtiendrions pas 1,500,000.

Ainsi, dans l'intervalle de 1814 à 1838, les possesseurs du numéraire en circulation ont perdu, par suite de l'invasion du crédit, quinze cents millions de francs, et cette perte n'est compensée par aucune amélioration survenue dans la masse générale des richesses.

Si l'on croyait devoir attribuer l'existence de ce fait à d'autres causes, nous ferions remarquer que la cherté ou le bas prix des objets s'établit, chez tous les peuples, à raison de l'intensité du crédit, et qu'en Angleterre, par exemple, pays où les monnaies métalliques en circulation n'équivalent pas à un milliard de francs, mais où les valeurs de confiance créées par le crédit sont innombrables, les choses indispensables à une vie confortable coûtaient, avant 1814, cinq à six fois plus cher qu'en France. Cette différence dans le prix vénal des objets communs aux deux nations est aujourd'hui moins forte, et elle ne tardera pas à s'effacer, si, comme tout porte à le croire, de nouveaux emprunts et de nouvelles associations continuent à accroître la masse des valeurs françaises en circulation.

§ II. *Du taux des intérêts.*

Les valeurs de confiance, en s'adjoignant plus ou moins intimement aux monnaies effectives, contribuent efficacement à la baisse du taux de l'intérêt conventionnel, et présentent, sous ce rapport, quelques avantages; mais nous craignons qu'on ne se fasse, à cet égard, bien des illusions.

Le nom de *capitaux*, vulgairement donné aux valeurs monétaires, a été étendu, par les économistes, aux valeurs de tous les objets qui constituent la richesse, attendu qu'ayant la propriété de se substituer, par l'échange, les unes aux autres, elles sont en quelque sorte identiques. En effet, la valeur d'un capital de cent mille francs en fonds de terre est égale à la valeur d'un capital de cent mille francs en or, sauf les différences spécifiques. Si donc le prix du loyer annuel de l'un de ces capitaux se modifie, il est à peu près impossible qu'il n'y ait pas une modification pareille dans le prix du loyer annuel de l'autre capital. Alors la réduction produite par la baisse du taux de l'intérêt, dans le revenu du capital monétaire, entraînerait une réduction équivalente dans le produit annuel de tous les autres capitaux, et par conséquent une atténuation correspondante dans la masse générale des revenus.

Ceux qui font le commerce exclusif des capitaux monétaires, ceux qui doivent plus qu'ils ne possèdent, et ceux qui empruntent abusivement, trouveraient certainement des avantages dans l'abaissement du taux de l'intérêt conventionnel; mais ceux qui retirent annuellement un loyer, un salaire ou une rétribution quelconque de leurs propriétés, de leurs services ou de leurs travaux, subiraient dans leurs revenus un retranchement onéreux.

Comme il serait difficile, pour ne pas dire impossible, de concilier à cet égard les exigences respectives des parties intéressées, nous nous bornerons à faire remarquer que la fixation de l'intérêt conventionnel, au-dessus ou au-dessous d'un certain taux, serait, en économie politique, une faute infiniment grave, puisqu'en ces sortes de matières l'équilibre s'établit toujours de lui-même, et qu'un ressort trop tendu se brise au moindre effort.

§ III. *Du commerce des capitaux monétaires.*

Suivant M. le ministre des finances (discussion relative à la conversion des rentes, chambre des députés, mai 1838), *le plus lucratif des commerces est celui des capitaux.*

Comme le fait attesté par M. le ministre découvre une plaie sociale qui s'aggrave tous les jours, et notamment depuis l'invasion du crédit, nous présenterons à ce sujet quelques observations.

Un commerce qui, sans créer aucun produit matériel, est cependant le plus lucratif de tous les commerces existants, doit nécessairement avoir pour tributaires les classes de la société entre lesquelles il s'interpose.

Aujourd'hui que la richesse et la propriété mobilisées sont représentées par des valeurs de confiance incessamment flottantes, ce commerce doit ruiner tous les autres commerces, éteindre toutes les autres industries, et s'approprier toutes les richesses et toutes les propriétés existantes.

Pour échapper à cette catastrophe, il importe donc de rendre ce commerce moins facile, moins étendu et moins lucratif, soit en réprimant le développement exagéré du crédit, soit en renfermant dans d'étroites limites la faculté des mobilisations, soit enfin en pourchassant vigoureusement tous les quasi-délits qu'un âpre désir de gain suggère à nos spéculateurs.

L'instinct populaire avait depuis long-temps reconnu les dangers que nous signalons ici ; de là, proviennent cette haine et cette réprobation universelles qui ont poursuivi et qui poursuivent encore, en plusieurs pays, les juifs, les Banians et autres sectes adonnées plus spécialement au commerce des capitaux monétaires. Nos ancêtres, en pillant, en rançonnant, en chassant les juifs ; les Allemands, en leur refusant la jouissance des droits les moins contestables, cédaient bien moins à leurs préjugés religieux qu'au sentiment de répulsion que leur inspiraient la vue ou le souvenir d'une multitude d'exactions.

Quoique ce commerce des capitaux monétaires n'ait pas cessé d'être le fléau des sociétés, et qu'il ait même acquis, dans ces derniers temps, un déplorable accroissement, il n'excite plus cependant l'irritation des masses depuis que les personnes qui l'exercent, enrôlées sous toutes les bannières, peuvent, grâce au débordement et à la facile transmission des valeurs de confiance, dissimuler leurs prélèvements usuraires sous le nom d'escomptes, de commissions, de primes, de marchés à terme, etc.

Si les trafiquants de capitaux, luttant entre eux d'adresse, d'habileté, et même de subtilité, couraient seuls les chances aléatoires des jeux de bourse, les résultats de cette guerre intestine importeraient peu au bien-être général. Malheureusement les chances de perte sont uniquement pour ceux qui, n'ayant pas ou qui ne croyant pas avoir un crédit suffisamment justifié, implorent et subissent le patronage des banquiers.

Ce patronage souvent sans utilité, quelquefois abusif, et presque toujours usuraire, favorise, dit-on, les classes industrielles en leur permettant de donner plus d'extension à leurs commerces respectifs; mais il est impossible que cette extension, obtenue par des sacrifices incessants, ne leur soit pas en définitive préjudiciable, puisqu'elles ont pour patrons les explorateurs du commerce *le plus lucratif*.

§ IV. *Des associations industrielles.*

Nous sommes tous un peu de race moutonnière; si quelqu'un, créant une nouvelle industrie, inventant de nouveaux procédés, ou améliorant une branche de commerce, s'ouvre une nouvelle carrière, aussitôt la foule se précipite sur ses traces; c'est ce qui explique l'engouement avec lequel on accueille aujourd'hui les projets d'association de toute nature.

Ce favorable accueil n'est pas toujours dû à des causes aussi futiles; comme dans la lutte incessante des intérêts divers la victoire se range infailliblement du côté des gros capitaux, les petites fortunes ont senti la nécessité de s'associer et de mettre en commun tout ou partie de leurs capitaux individuels; soit pour résister à l'absorption des grandes fortunes, soit pour écarter et supplanter des exploitations rivales, soit enfin pour soulever et porter plus aisément des fardeaux trop lourds pour des forces isolées.

Les associations sont bonnes et utiles, alors que créant des produits nouveaux, perfectionnant les anciens ou les livrant au commerce plus abondants et à meilleur marché, elles contribuent, plus ou moins directement, au bien-être général; encore, dans ce cas, est-il rare que les inconvénients inhérents à leur organisation n'en dépassent pas les avantages.

En effet, par sa participation plus ou moins intime à la gérance et par sa mise partielle de fonds, chacun des actionnaires devient à la fois débiteur de ses co-associés et créancier de l'association collective, double résultat qui, grossissant, en apparence, l'importance du capital employé, affaiblit et déprécie indirectement la valeur intrinsèque des monnaies.

L'effet produit sur cette valeur est encore plus sensible quand les associations délivrent aux sociétaires des actions nominatives ou au porteur.

Enfin, les avantages qu'offrent les associations industrielles sont acquis à un prix trop élevé si les branches qu'elles exploitent doivent être forcément abandonnées par les particuliers qui ne pourraient plus soutenir une lutte inégale;

car il y aurait, dans ce cas, privilége et monopole pour les associations, cessation de travail, et, par conséquent, privation de salaire pour les particuliers; et en définitive, atténuation de la fortune publique, toujours plus affectée des pertes individuelles que des bénéfices collectifs.

Ces divers inconvénients sont communs à toutes les espèces d'associations à capital effectif; il en est d'autres qui ne s'appliquent qu'aux associations formées exclusivement pour l'exploitation du crédit.

§ V. *Des banques.*

Établies, dit-on, dans l'intérêt général des commercants et du public, ces institutions ne sont en réalité que des instruments plus ou moins ingénieux, à l'aide desquels on trafique du crédit au profit de quelques sommités financières.

Comme elles ne diffèrent pas essentiellement les unes des autres, nous nous bornerons à analyser ici les principaux procédés de la banque de France : en avouant toutefois qu'à défaut de documents authentiques, nous nous appuierons souvent sur des hypothèses plus ou moins fondées.

Cet établissement possède en capital 67,900,000 fr., fournis par ses actionnaires.

Il prête à divers taux d'intérêt qui ne dépassent pas 4 p. 100 par an, sur des valeurs de confiance revêtues au moins de trois signatures connues, et sur dépôt d'effets publics, de monnaies étrangères, ou de lingots.

En contre-valeur du net produit de ses escomptes, il

émet et livre aux emprunteurs quatre à cinq cents millions de billets au porteur pour le remboursement éventuel desquels il tient moyennement en réserve une centaine de millions en numéraire effectif.

Il opère gratuitement les recouvrements et les paiements qui lui sont indiqués par ses correspondants, en ayant soin toutefois de ne se mettre jamais en avance.

Il distribue semestriellement à ses actionnaires une portion de ses bénéfices, et conserve le surplus pour faire face aux dépenses imprévues.

Les 67,900,000 fr. versés par ses actionnaires ne produiraient à l'intérêt de 4 p. 100 que 2,716,000 fr. : or, puisqu'il n'effectue pas d'escompte au-dessus de ce taux; qu'il doit rétribuer un nombreux personnel ; qu'il se charge gratuitement de services onéreux, et qu'il perd nécessairement l'intérêt des sommes oiseusement renfermées dans ses caves, il est évident que s'il réalise annuellement une dixaine de millions de bénéfices, c'est que ses billets au porteur sont élevés par la confiance au rang des monnaies d'or et d'argent, et qu'ils passent comme elles dans la circulation sans aucune allocation au profit des cessionnaires successifs.

Aussi, ses actions, émises au prix de 1,000 fr. chacune, sont-elles cotées aujourd'hui à plus de 2,700 fr. Ce qui suppose, ou des bénéfices énormes, ou une grande exagération.

D'après les comptes publiés par le ministère des finances, les métaux monnayés, actuellement en circulation, s'élèvent à plus de trois milliards de francs, dont le loyer, à raison de 5 p. 100 d'intérêt, occasionne annuellement aux détenteurs une perte de 150 millions. Les détenteurs transitoires des 500 millions de billets au porteur livrés par la banque à la circulation, éprouvent de même une perte annuelle de vingt-cinq millions.

La fabrication des monnaies effectives donne peu de bénéfices, parce qu'en outre des frais de monnayage, il faut payer immédiatement le prix des métaux dont elles sont formées.

L'émission des billets au porteur donne à la banque de gros bénéfices, puisque, n'ayant à acquitter la valeur de ces billets qu'en les remboursant, elle jouit depuis le jour de l'émission, jusqu'au jour du remboursement des intérêts qu'ils produisent.

Il est dès-lors étonnant que le gouvernement, qui, par ses ateliers monétaires et des réserves en numéraire convenablement réparties partout où besoin serait, pourrait s'approprier les bénéfices de ces deux exploitations, se soit réservé exclusivement la moins avantageuse et ait gratuitement abandonné l'autre à la discrétion de la banque.

Au reste, soit que l'état s'arroge, ou qu'il transporte à des tiers le privilége de battre monnaie, avec des billets au porteur qui n'ont aucune valeur intrinsèque, l'effet n'en sera pas moins désastreux pour les monnaies d'or et d'argent, qui se déprécieront toujours en raison de l'importance des adjonctions.

La multiplication des monnaies d'or et d'argent a des bornes naturelles; celle des monnaies fictives est illimitée; on conçoit dès-lors que si, moyennant 100 millions de numéraire en réserve, la banque a cru pouvoir émettre 500 millions de billets au porteur, rien ne s'opposerait à ce qu'en enfouissant dans ses caves des masses d'or et d'argent monnayés ou non monnayés, elle n'en créât pour une vingtaine de milliards.

Lors même que la circonspection serait la vertu habituelle des établissements de ce genre, comment résisteraient-ils à la triple influence des actionnaires, qui, pour accroître leurs bénéfices, voudraient étendre sans cesse le cercle de leurs opérations; des spéculateurs qui, lancés dans les voies décevantes et périlleuses du crédit, demandent, sans interruption, de nouveaux aliments à l'escompte; et des classes industrielles qui, par une déplorable confusion, attribuent la gêne que leur peu de richesse leur occasionne à la pénurie des capitaux monétaires?

Par suite de l'équilibre établi entre la généralité des valeurs monétaires et la généralité des autres valeurs de toute nature, il ne peut pas y avoir dans les capitaux monétaires de pénurie absolue; mais seulement une pénurie temporaire, restreinte à un bourg, une ville, une province, un royaume; elle n'est pas toujours fortuite, quelquefois la cupidité l'organise et l'exploite.

Il est donc effrayant de savoir que, par suite de l'organisation vicieuse des banques, il suffirait de la collusion de trois riches spéculateurs pour soutirer tout le numéraire d'un pays.

Voici un fait qui donnera une idée de ce que peut à cet égard la haute finance. — Environ cinq millions de francs en quadruples d'Espagne parvinrent en France dans les premiers mois de l'année 1826. Au moment où la nouvelle en parvint à Paris, le quadruple y était rare et coté au-dessus de 81 fr.; le lendemain il ne valut plus guère que **80 fr.**;

mais le jour même de la vente qu'en firent les propriétaires, le cours reprit, comme par enchantement, sa précédente élévation.

En résumé, l'institution des banques est plus nuisible qu'utile à la formation de la richesse publique : 1° parce que ces établissements livrent à la circulation des billets au porteur, qui, se superposant sur les monnaies d'or et d'argent déjà trop considérables, en déprécient la valeur intrinsèque ; 2° parce que ce surcroît de capitaux monétaires, en provoquant l'exaltation du prix vénal des objets, multiplie les perturbations commerciales ; et 3° parce que, à raison de la confiance qu'inspirent ces établissements, ils prélèvent sur toutes les personnes qui n'exigent pas immédiatement le remboursement des billets passés transitoirement en leurs mains, un impôt équivalant au produit des intérêts afférents à ces billets.

Considérée moralement, l'institution des banques ne serait pas moins préjudiciable aux populations, puisqu'elle encourage et facilite les emprunts publics et privés.

§ VI. *Des emprunts.*

Les emprunts et, en général, toute transaction par laquelle on stipule des paiements à faire ultérieurement, forment, à raison de l'instabilité de la valeur intrinsèque de la monnaie courante, des espèces de contrats aléatoires dont les chances matérielles et morales sont, d'après Buffon, toujours plus défavorables à l'une des parties contractantes qu'avantageuses à l'autre.

Examinés sans aucun égard aux différentes clauses qui

les régissent, les emprunts sont donc toujours onéreux à la fortune publique, puisqu'ils l'atténuent du montant de l'excès des chances défavorables.

Ils deviennent encore plus onéreux lorsque, représentés par des valeurs de confiance susceptibles d'être mises en circulation, ils accroissent de tout leur poids les causes de la dépréciation monétaire.

Ils sont enfin moralement préjudiciables, parce qu'ils suscitent entre les intérêts rivaux des luttes rarement franches et loyales ; parce qu'ils placent les emprunteurs et les prêteurs dans la dépendance les uns des autres, et parce que des revers imprévus et fortuits, non moins que l'imprudence, l'inconduite ou la déloyauté des premiers, peuvent à tout instant compromettre et engloutir la fortune des derniers.

Tant que la dépréciation monétaire continuera, les emprunts considérables seront une source perpétuelle de préjudices et de mécomptes pour les prêteurs simples capitalistes ; un stimulant à faire de nouvelles dépenses et à dédaigner les économies pour les emprunteurs ; une combinaison lucrative à exploiter, pour les marchands de capitaux ; enfin, les précurseurs de perturbations plus ou moins profondes, mais inévitables pour le public.

Pour neutraliser, autant que possible, les funestes effets de cette lèpre sociale, il faudrait soigneusement interdire tout emprunt d'une immoralité notoire, et abréger la durée des autres, soit en prélevant un droit proportionnel au prolongement des échéances, soit en les déclarant prescriptibles après l'expiration de courtes périodes.

Il faudrait surtout que les gouvernements, prêchant

d'exemple , n'autorisassent plus l'érection des loteries, des tontines, des emprunts à prime , des rentes viagères , des rentes perpétuelles et autres combinaisons non moins funestes à la morale publique et à l'accroissement des véritables richesses que les jeux de hasard récemment prohibés.

Malheureusement les gouvernements , ainsi que tous les êtres collectifs , se placent toujours au premier rang des prodigues qui , entraînés qu'ils sont par des suggestions rarement désintéressées , achètent à des prix exorbitants le patronage des marchands de capitaux , et la faveur de l'atermoiement des paiements.

On devrait sans doute les excuser , si , contraints à contracter des emprunts pour acquitter des dettes exigibles , ils consentaient à payer de gros intérêts jusqu'à ce qu'ils pussent, soit avec leurs propres ressources , soit avec des fonds obtenus à meilleur marché , rembourser tout ou partie du capital.

C'est ce que sentait parfaitement feu M. le baron Louis , lorsque, pour combler le déficit des caisses du trésor, il accordait 8 p. 100 d'intérêt par an sur des obligations à courte échéance.

Il est fâcheux que ses successeurs au ministère des finances n'aient cru pouvoir suivre cet exemple que pour trois à quatre cents millions de dette flottante, qu'ils remboursent et renouvellent au moins une fois par an à un taux d'intérêt fort modéré, quand il leur aurait été si facile de se procurer les deux à trois milliards dont ils avaient besoin en échelonnant les remboursements à faire de manière à n'être jamais pris au dépourvu.

A Dieu ne plaise, toutefois, que nous approuvions les emprunts temporaires et à remboursements échelonnés pareils à celui que fit la ville de Paris peu de temps après la seconde Restauration.

Cette ville, obligée de réaliser à cette époque une somme de trente-un millions, délivra en échange trente-trois millions, représentés par trente-trois mille obligations de 1,000 fr. chacune, remboursables par séries déterminées par le sort, de trois en trois mois, et portant, jusqu'au jour de leurs échéances respectives, 8 p. 100 d'intérêt annuel, dont une partie se traduisait en primes.

Ces obligations, vendues par les adjudicataires de l'emprunt au cours moyen de 1,200 fr. chacune, leur produisirent, en capital, une somme de 39,600,000 fr., et par conséquent un bénéfice énorme de 8,600,000 fr. en outre des profits résultant du mode de libération consenti par la ville.

On interdirait avec raison le fils de famille qui souscrirait des engagements aussi onéreux, et l'on poursuivrait en police correctionnelle des prêteurs coupables d'une usure moins criante !

Sans doute, tous les emprunts ne sont pas également usuraires; mais en définitive, quelles qu'en soient les clauses, ils sont lourds pour les emprunteurs obligés d'en acquitter périodiquement les intérêts, et décevants pour les prêteurs sérieux, qui, à raison de la progression décroissante de la valeur intrinsèque des monnaies courantes, ne reçoivent en remboursement qu'une somme dont l'importance est toujours inférieure à celle de la somme prêtée.

§ VII. *Des rentes perpétuelles.*

La création des rentes perpétuelles n'est pas moins déplorable dans ses effets qu'irrationnelle dans son principe. Conçoit-on que, lorsque nul ne peut, sa vie durant, engager ni son travail ni son industrie, on autorise les particuliers, et même les corps collectifs, à aliéner à perpétuité tout ou partie de leurs revenus, c'est-à-dire les fruits de ce travail, de cette industrie? Conçoit-on que, lorsque la valeur intrinsèque des monnaies courantes est sujette aux variations les plus excentriques, on tolère que des individus, pris isolément ou collectivement, tant pour eux-mêmes que pour leurs successeurs, se reconnaissent débiteurs sérieux et s'obligent à payer en ces monnaies, et sans discontinuation, une redevance annuelle.

Cette aberration est excusable, jusqu'à un certain point, lorsque les rentes perpétuelles sont consenties en échange ou sous la garantie d'un immeuble produisant lui-même un revenu annuel; mais elle est répréhensible, sous tous les rapports, lorsque les rentes sont constituées à raison d'un capital monétaire qui, n'étant perçu que pour être incontinent diverti, n'a plus qu'une existence nominale, et laisse les créanciers sans autres gages que la bonne foi et la solvabilité des débiteurs.

D'après nos lois, chacun a le droit de répudier la succession qui lui est échue, ou de ne l'accepter que sous bénéfice d'inventaire. Lorsque c'est l'héritage du prêteur qui est répudié, les arrérages des rentes comprises dans la succession continuent à être servis, soit aux créanciers soit à l'état, qui succède de droit à la possession des choses abandonnées ; mais, lorsque c'est l'héritage de l'emprunteur, le service des arrérages des rentes constituées par lui ou par ses auteurs est forcément interrompu.

Cette seule différence dans les résultats qu'obtiendraient les ayant-cause des parties contractantes, vicie l'emprunt en rente perpétuelle, puisqu'il répugne d'admettre des stipulations synallagmatiques qui ne seraient pas équitablement pondérées.

Indépendamment de cette dérogation aux saines doctrines, les emprunts en rente méconnaissent et désertent les notions d'économie politique les plus vulgaires. Généralement trois sortes de personnes prennent part aux transactions relatives aux emprunts un peu considérables, savoir : les émissionnaires, les concessionnaires et les acquéreurs secondaires de la rente. Si les premiers s'adressaient directement aux derniers, ils pourraient leur dire : « Pour chaque cent francs dont vous ferez le versement, nous vous délivrerons une inscription de rente perpétuelle du montant des intérêts afférents au capital versé. » Au lieu de suivre cette marche, qui classerait immédiatement la rente émise dans la main de porteurs sérieux, on a recours de préférence à l'intervention des marchands de capitaux, qui, appréciant la confiance que méritent les emprunteurs, ou espérant tromper le public à cet égard, se chargent de l'emprunt à des conditions plus ou moins avantageuses pour eux. Ainsi, tantôt ils obtiennent que les arrérages courront à partir d'une époque antérieure à celle de l'adjudication des rentes ; tantôt qu'ils n'auront à en acquitter le prix qu'après l'expiration d'une période plus ou moins longue. Quelquefois ils se font accorder, à divers titres, de fortes primes, et quelquefois, par une fiction abusive, ils se font adjuger la rente pour un capital inférieur à celui pour lequel elle est constituée.

Si, après avoir ainsi pressuré l'émissionnaire, les concessionnaires gardaient en portefeuille les rentes adjugées, pour en toucher les arrérages à l'échéance, on ne pourrait leur reprocher qu'un simple délit d'usure; mais, comme ce sont les bénéfices de la revente qu'ils recherchent, et non ceux que peut donner la perception des arrérages, ils ne tardent pas à se débarrasser, par les jeux de bourse, de la totalité des rentes concédées.

On suppose assez communément que, sans l'intervention des banquiers, les emprunts échoueraient. Cette supposition, dont aucune expérience n'a confirmé l'exactitude, paraîtra bien hasardée si l'on considère qu'immédiatement après, et souvent même avant l'adjudication, les rentes sont vendues à des tiers, et qu'elles sont livrées et transférées sans aucune garantie de la part des cessionnaires.

Les avantages que les acquéreurs de seconde main retirent de la possession des rentes compensent rarement leurs tribulations; ils ont à redouter : 1° La déconfiture et la mauvaise foi des débiteurs; 2° la dépréciation de la valeur intrinsèque des monnaies; 3° la perte des arrérages exposés à la prescription quinquennale, lorsque des causes indépendantes de leur volonté ne leur permettent pas de les percevoir aux échéances; 4° l'inefficacité de la condition résolutoire que l'interruption du service des arrérages leur permettrait d'invoquer, puisqu'il n'est pas probable qu'un débiteur qui n'aurait pas des fonds suffisants pour acquitter les intérêts arriérés de deux années, en eût davantage pour rembourser le capital intégral de la rente en souffrance; enfin 5° la réduction du taux de la rente ou son remboursement, si le prix vénal s'en élève au-dessus du pair.

Il est fâcheux que la perspective de ce déplorable état de choses, qui a réduit à moins de 5 fr. la rente de 500 fr. constituée sous Henri IV, et qui nous menace de produire encore de plus fortes perturbations dans l'avenir, n'ait point engagé le législateur à couper la racine du mal en interdisant la faculté de consentir des rentes foncières ou constituées en perpétuel. Il est vrai qu'en les déclarant essentiellement rachetables, il a infirmé, quant aux débiteurs, le principe absurde de la perpétuité; mais il l'a laissé subsister dans son entier à l'égard des créanciers, contraints qu'ils sont d'accepter le rachat qu'on leur offre, et dépouillés eux-mêmes virtuellement du droit de le demander.

Le prix de rachat des rentes à la charge des particuliers est déterminé par la loi. Quant à celui des rentes inscrites sur le grand livre de la dette publique, on a pu croire que le gouvernement désirait qu'il s'établît de gré à gré, puisqu'il a permis que ces rentes fussent vendues à l'instar des marchandises; que la transmission s'en fît par simple transfert, et qu'il a créé un fonds spécial destiné à en effectuer l'amortissement.

§ VIII. *De l'amortissement.*

Lorsqu'en 1816, pour satisfaire aux exigences de l'étranger, la France eut besoin de réaliser des sommes considérables, on lui persuada qu'elle n'avait pas d'autre moyen de les obtenir que d'aliéner des rentes constituées en cinq pour cent, au rachat desquelles il suffirait de consacrer annuellement une quarantaine de millions.

A défaut d'autres ressources, le trésor dut se procurer les premiers quarante millions en aliénant environ quatre millions de rente de plus ; sans doute, à raison de l'amélioration progressive du cours des rentes, les quarante millions affectés à l'amortissement dans les années suivantes n'exigèrent pas un excédant d'aliénation de rentes aussi considérable. Toutefois, il ne put qu'être excessivement onéreux si l'on en juge par les résultats aujourd'hui constatés.

Pour se procurer les neuf cent millions versés successivement depuis le 1ᵉʳ juin 1816 à la caisse d'amortissement, il a fallu, au cours moyen des rentes, aliéner. . . . .   61,610,076 fr. de rente 5 %.

Tandis qu'à 82 fr. 48 c., cours moyen des rachats effectués par cette caisse depuis la même époque, elle n'aurait acquis avec ces 900 millions que.   54,558,685   *Id.*

Différence. . .   7,051,391 · *Id.*

dont le capital nominal 141,027,820 fr. aurait été sacrifié dans l'unique but de maintenir et d'exalter le prix vénal des rentes.

D'après les comptes dressés au ministère des finances, on peut remarquer, d'autre part, que les 118,196, 437 fr. de rente 5 p. 100 aliénés depuis 1814 ont produit, moins les pertes d'intérêt, les rétributions plus ou moins directes accordées aux adjudicataires et les frais de toute nature, une somme de. . . . . 1,726,623,934 fr.

Ces rentes coûteraient aujourd'hui,

rachetées { au pair. 2,363,928,740

{ au cours de 110 fr. . . 2,600,321,614

Ce qui, entre le produit brut de l'adjudication et le montant du rachat au pair, donne une différence de. . 637,304,806

et entre ce même produit et le montant du rachat au cours actuel de 110 fr., une différence de.. . . . 873,697,680

Nous ne rechercherons point quelle peut être la différence entre les intérêts des sommes versées à l'amortissement et le montant des arrérages de rentes qu'il a successivement acquises, parce qu'il faudrait, pour en établir le compte, s'étayer sur des hypothèses et se livrer à de minutieuses investigations.

Ces divers résultats prouvent : 1° que l'action de l'amortissement n'a point été avantageuse à l'État, toujours rachetant les rentes au-dessus du prix qu'il les avait vendues ; 2° que la hausse produite dans le cours des rentes 5 p. 100 par l'influence des achats quotidiens de l'amortissement et les manœuvres de l'agiotage, coûtera en définitive plus de 600 millions au trésor ; 3° que les déprédations exercées par les *loups-cerviers* de la finance sur le commerce des rentes 5 p. 100 émises de 1814 à 1838 se

sont élevées à près de 900 millions; 4° que les possesseurs actuels des rentes 5 p. 100, s'ils étaient remboursés
au pair, perdraient, à raison de la plus-value du prix,
236,392,874 fr. ; et 5° que le maintien de la dotation spécialement affectée à l'amortissement de la rente 5 p. 100
est devenu inutile depuis que le prix vénal de cette rente
a dépassé le pair.

Cette dernière considération et le désir d'exonérer
l'état d'une partie de ses sacrifices a engagé la chambre
des députés à proposer la conversion des rentes.

§ IX. *De la conversion des rentes.*

La réduction du taux des rentes 5 p. 100 est, depuis
1820, le point de mire de tous les ministres qui ont été
successivement chargés de l'administration des finances.
C'est pour arriver à cette réduction et pour opérer dans
l'avenir l'économie douteuse de quelques arrérages, qu'ils
ont constitué simultanément des rentes perpétuelles en
cinq, quatre et demi, quatre et trois pour cent; introduit
les petits grands-livres; autorisé l'inscription des rentes
au porteur et celle des coupures de dix francs; toléré
l'escompte sur dépôt d'effets publics, les ventes à terme
et les reports; admis à la bourse de Paris la négociation
des valeurs étrangères; permis les associations tontinières;
subi les emprunts usuraires, et soutenu les excès de
l'agiotage en s'associant indirectement à ses manœuvres
désastreuses.

Ce moyen de se débarrasser sans bourse délier d'une
partie de ses dettes est-il aujourd'hui abandonné? On

pourrait le croire en voyant le ministère repousser la conversion proposée par la chambre des députés, si , d'autre part, le choix de M. le comte Roy (1) pour rapporteur de la chambre des pairs, la faiblesse des arguments opposés aux conversionnistes, et le seul motif de l'ajournement (l'inopportunité présente de la conversion) n'étaient pas des indices accusateurs des tendances et des convictions ministérielles momentanément comprimées.

Cependant, en matières financières, toute question soulevée qui n'est pas immédiatement résolue exerce, par l'incertitude de ses résultats, une fâcheuse influence sur les transactions commerciales, et suscite entre les intérêts rivaux une lutte exploitée par les habiles aux dépens des faibles ; la chambre des députés a donc eu raison d'insister pour qu'on tranchât de suite la difficulté : malheureusement ses combinaisons auraient accru sans utilité les embarras de notre situation financière.

En effet, en autorisant le gouvernement à substituer aux rentes 5 p. 100 de nouvelles rentes présentant tout au moins une réduction de cinquante centimes par chaque cinq francs de rente , et, tout au plus, une augmentation de vingt pour cent sur le capital primitif, la loi projetée : maintenait le principe absurde d'une perpétuité absolue pour les rentiers et facultative pour le débiteur ; principe qui, dérogeant aux règles ordinaires du contrat synallagmatique , place les premiers dans la dépendance du dernier ; favorisait , par la perspective des bénéfices

______

(1) M. le comte Roy est le premier ministre qui ait franchement manifesté à la tribune de la Chambre des Députés l'espoir et le désir de réduire le taux des rentes au moyen des améliorations du crédit.

d'une ou de plusieurs réductions successives, la propension en quelque sorte innée qu'ont tous les gouvernements d'accroître incessamment leurs dettes ; augmentait par le déclassement des rentes éventuellement remboursées la masse des valeurs flottantes livrées à la rapacité des spéculateurs ; produisait sans utilité un déplacement partiel des richesses en dégrévant les contribuables non rentiers du paiement des arrérages retranchés sur les rentes possédées par d'autres contribuables ; transformait, par l'exaltation du capital nominal des nouvelles rentes, une prétendue économie en un sacrifice non moins onéreux à l'état qu'aux rentiers, et éloignait par cela même l'époque d'une libération définitive.

Pour justifier les deux dernières assertions, nous ferons remarquer qu'aux termes du projet, le ministre des finances avait la faculté d'échanger les 100 millions de rente cinq pour cent qui paraissent maintenant seuls susceptibles d'une conversion efficace.

Contre 90 millions de rente,
- 4 1/2 p. 100 au capital de 2,000,000,000
- 3 3/4 p. 100 au capital de 2,400,000,000

Différence. 400,000,000

Ainsi, avec un égal retranchement de 10 millions sur les arrérages, les acquéreurs de la seconde rente auraient reçu en sus des acquéreurs de la première, 400 millions d'augmentation sur le capital nominal des rentes primitives.

Si l'on considère maintenant que l'intérêt à 3 3|4 p. 100 de ces 400 millions produirait 15,000,000 et que le retranchement opéré sur les anciens arrérages ne serait que de. 10,000,000

on reconnaîtra qu'en cas de libération ulté-
rieure, la réalisation de la conversion proposée coûterait annuellement aux contribuables, en outre de la prétendue économie,   5,000,000

Au reste, si la nécessité, la légalité et l'opportunité de la conversion étaient démontrées, on pourrait utiliser cette grande mesure en substituant aux rentes existantes des va-leurs exigibles à des échéances plus ou moins rapprochées et transmissibles à des conditions qui ne permissent pas de les assimiler aux monnaies courantes; par ce moyen, on s'acheminerait chaque jour vers la libération de la dette publique, et l'on reviendrait insensiblement et sans se-cousses à l'état normal dont on s'est imprudemment écarté.

§ X. *Conclusion.*

S'il nous avait été donné d'exposer et d'expliquer con-venablement toutes les aberrations financières, notre tâ-che eût été grande, belle et utile; mais, dépourvu des documents nécessaires à l'accomplissement de cet œuvre et nous défiant de nos forces, nous avons voulu seule-ment placer çà et là quelques jalons sur la route que d'autres ne tarderont pas à parcourir avec fruit; car, dans un siècle positif et éminemment calculateur, il nous sem-ble à peu près impossible que les notions inexactes qui éga-rent depuis long-temps l'opinion ne soient pas bientôt rem-placées par des doctrines plus saines, et qu'on ne finisse pas par reconnaître les dangers de l'exagération du crédit.